Marliese Arold

Sternschnuppe bekommt ein Fohlen

Marliese Arold

Sternschnuppe bekommt ein Fohlen

Zeichnungen von Dorothea Ackroyd

Loewe

Bibliografische Information Der Deutschen Bibliothek
Die Deutsche Bibliothek verzeichnet diese Publikation in der Deutschen Nationalbibliografie; detaillierte bibliografische Daten sind im Internet über *http://dnb.ddb.de* abrufbar.

Der Umwelt zuliebe ist dieses Buch auf chlorfrei gebleichtem Papier gedruckt.

ISBN 3-7855-5168-1 – 1. Auflage 2004

Umschlagillustration: Dorothea Ackroyd
Reihenlogo: Angelika Stubner
Gesamtherstellung: Clausen & Bosse, Leck
Printed in Germany

www.loewe-verlag.de

Inhalt

Opas Überraschung

„Und jetzt musst du das Passwort eingeben", sagte Hanna zu ihrer Mutter und schaute ihr über die Schulter.

Frau Breitenbach seufzte. Mit dem neuen Laptop kam sie noch gar nicht klar.

Aber ihre Familie hatte gemeint, es sei höchste Zeit, sich von der alten Schreibmaschine zu trennen und auf einen Computer umzusteigen. Antje Breitenbach schrieb nämlich Kinderbücher.

„Warum kommen keine Buchstaben?", fragte Frau Breitenbach, nachdem sie ihr Passwort – PFERD – eingegeben hatte. Sie starrte auf den Bildschirm, auf dem nur fünf Sternchen zu sehen waren.

„Weil ein Passwort eben geheim ist", erklärte Hanna geduldig.

Frau Breitenbach nickte. „Ach so."

In diesem Augenblick klingelte im Flur das Telefon.

„Ich geh ran", rief Hanna und sauste los.

Am anderen Ende war Opa Ben.

„Hallo, Hanna! Kannst du mir mal deine Mutter geben?" Seine Stimme klang ganz aufgeregt.

Hanna erschrak. „Ist was mit Sternschnuppe passiert?“, fragte sie atemlos.

Das Pferd Sternschuppe, das Opa Ben vor einiger Zeit gekauft hatte, war der Liebling der ganzen Familie. Es wäre für Hanna das Schlimmste auf der Welt, wenn dem Pferd etwas zustoßen würde.

„Nein, nein“, beruhigte Opa Ben seine Enkelin. „Mit Sternschnuppe ist alles in Ordnung. Aber es gibt da ein anderes Problem, das ich gerne mit Antje besprechen würde.“

Hanna holte ihre Mutter ans Telefon. Während des Telefonats blieb Hanna im Gang stehen und lauschte. Sie wollte wissen, was der Großvater auf dem Herzen hatte. Doch die rätselhaften Antworten, die Frau Breitenbach gab, stachelten Hannas Neugier nur noch mehr an.

„Auf gar keinen Fall!“, sagte die Mutter. „So eine verrückte Idee! Typisch. Aber daraus wird nichts. Deine Gesundheit geht vor, und damit basta!“

Hanna zuckte zusammen, als die Mutter den Hörer auf die Gabel knallte.

„Was hat Opa gesagt?“

Frau Breitenbach holte tief Luft. „Er hat gesagt, dass Pferde ungern allein sind und dass sich Sternschnuppe vielleicht einsam fühlt. Und deswegen wollte er dich und Robert mit einem Fohlen überraschen.“

Hannas Herz schlug höher. Sie konnte kaum glauben, was sie da gerade gehört hatte. Ein Glücksgefühl überwältigte sie.

„Sternschnuppe ... kriegt – kriegt ... ein Fohlen?“ Vor lauter Aufregung stotterte sie. Im Kopf sah sie sofort das Pferd vor sich, an seiner Seite ein süßes Fohlen, genauso braun wie Sternschnuppe und mit dem gleichen hellen Stern auf der Stirn.

„Nein“, wehrte Frau Breitenbach ab. „Die Sache ist leider viel komplizierter.“

Hanna folgte ihrer Mutter in die Küche. Frau Breitenbach ließ sich auf einen Stuhl sinken und machte ein so ernstes Gesicht, dass Hanna richtig erschrak. Ein Fohlen war doch etwas Schönes! Warum sah Mama so angespannt aus?

„Opa Ben hat sich in den Kopf gesetzt, ein Fohlen mit der Flasche aufzuziehen. Und dabei soll er übermorgen in Kur fahren!" Sie schüttelte den Kopf.

Fragen über Fragen schossen Hanna durch den Kopf. „Ein Fohlen? Warum mit der Flasche? Woher hat er das Fohlen?", sprudelte es aus ihr heraus.

Nach und nach erfuhr Hanna alles. Es war eine traurige Geschichte. In der Nachbarschaft von Opa Ben wohnte ein Bauer. Eine Stute von ihm war trächtig geworden, und Opa Ben hatte das Fohlen für Hanna und Robert kaufen wollen. Eigentlich hätte es eine Überraschung werden sollen. Aber dann war alles schief gegangen. Gestern Abend war die hochträchtige Stute von der Weide ausgerissen und von einem Lastwagen angefahren worden. Der Tierarzt hatte alles versucht, um der Stute zu helfen, aber die Verletzungen waren zu schwer gewesen, und er hatte das Tier einschläfern müssen. Es war ihm jedoch gelungen, das kleine Hengstfohlen zu retten. Es war unverletzt, aber schwach.

Und es musste mit der Flasche gefüttert werden. Ob es durchkommen würde, konnte der Tierarzt nicht garantieren.

„Der Bauer hätte das Fohlen am liebsten auch einschläfern lassen, weil er keine Zeit hat, es mit der Flasche aufzuziehen. Doch Opa Ben hat sich eingeschaltet – und bildet sich nun ein, er könnte es schaffen. In seinem Alter! Und mit seinem Rücken!“ Frau Breitenbachs Stimme wurde ganz vorwurfsvoll bei den letzten Worten.

Ben Hausner hatte Probleme mit seinen Bandscheiben. Der Arzt hatte ihn schon lange vor zu schwerer Arbeit gewarnt – aber Opa Ben hatte trotzdem weiterhin Schubkarren mit Mist aus dem Stall gefahren und Strohballen gehoben. In der letzten Zeit war es mit seinem Rücken ganz schlimm geworden, und deswegen sollte Opa Ben übermorgen in Kur fahren. Dort würde man ihm Gymnastik und Bäder verordnen, er würde lange Spaziergänge machen und sich erholen müssen.

Es war schon alles abgesprochen gewesen. Frau Breitenbach, Hanna und ihr ein Jahr jüngerer Bruder Robert sollten währenddessen Sternschnuppe versorgen. Dass nun ein Fohlen alle Pläne durchkreuzen würde, damit hatte niemand gerechnet.

„Was machen wir jetzt?“, fragte Hanna mit kläglicher Stimme. Sie wusste nicht, wer ihr mehr Leid tat: die tote Stute oder das arme, verwaiste Fohlen.

Antje Breitenbach saß am Küchentisch und stützte ihren Kopf in die Hände. „Ich weiß es nicht, Hanna.“ Sie seufzte. „Aber es kommt nicht infrage, dass Opa Ben die Kur ausfallen lässt. Auf keinen Fall. Wenn er jetzt nicht auf seine Gesundheit achtet, dann muss er eines Tages doch noch an den Bandscheiben operiert werden.“

Hanna nickte ernst. Sie verstand, dass sich ihre Mutter Sorgen um den Großvater machte. Aber noch mehr konnte Hanna Opa Ben verstehen, der nicht wollte, dass ein mutterloses Fohlen eingeschläfert wurde, nur weil es niemand versorgen konnte.

„Und wenn wir uns um das Fohlen kümmern würden?“, schlug Hanna vor und sah ihre Mutter gespannt an.

Über Frau Breitenbachs Gesicht huschte ein Lächeln. „Genau das denke ich schon die ganze Zeit.“

„Ein Fohlen mit der Flasche aufziehen!“, sagte Manfred Breitenbach, als die Familie beim Abendbrot saß. „Wie stellt ihr euch das denn vor?“

Der Vater war als Einziger in der Familie noch nicht von der allgemeinen Pferdebegeisterung angesteckt. Vor Pferden hatte er Respekt. Mit Sternschnuppe hatte er sich jedoch inzwischen angefreundet und sogar zugegeben, dass sie eine ausgesprochen nette Stute war. Er hatte auch schon zweimal auf ihr gesessen, allerdings nur kurz, denn auf dem Pferderücken war es ihm nicht ganz geheuer. Viel lieber saß er hinter einem Steuer.

„Demnächst fangt ihr noch an, Pferde zu züchten", meinte Herr Breitenbach und sah seine Lieben kopfschüttelnd an. „Und ich muss meinen Job im Büro aufgeben und den Stall ausmisten!"

„Prima Idee", platzte Robert gleich heraus, und seine Augen begannen zu leuchten.

Doch nachdem Hanna ihm einen Rippenstoß versetzt hatte, hielt er die Klappe.

Jetzt schaltete sich Mama ein. „Vielleicht wäre es für uns alle das Einfachste, wenn wir während dieser Zeit in Opas Häuschen ziehen – das heißt, Hanna, Robert und ich. So kann ich die Kinder und die Tiere versorgen, und falls ich zwischendrin noch ein bisschen Zeit habe, dann kann ich an meinem neuen Kinderbuch weiterarbeiten ..."

„Und was ist mit mir?", fragte Herr Breitenbach.

„Für dich ändert sich gar nichts", erwiderte Mama. „Du bleibst hier, fährst jeden Tag ins Büro, kommst abends heim und hast ansonsten deine Ruhe."

„Und keiner stört dich mehr beim Fernsehen", ergänzte Hanna.

Papa seufzte. „Das klingt so, als ob alles schon abgemacht wäre."

„Das ist es ja auch fast", bestätigte Mama und blinzelte Hanna und Robert zu.

So ein Winzling

In der Nacht konnte Hanna vor lauter Aufregung kaum schlafen. Immer wieder musste sie an das Fohlen denken. Wie es wohl aussah? Und ob es durchkommen würde?

Abends hatte Mama sich noch einen Moment auf ihre Bettkante gesetzt.

„Eins musst du mir versprechen, Hanna", hatte sie gesagt und sie dabei fest angeschaut. „Du darfst nicht zu traurig sein, wenn wir es nicht schaffen. Es ist sowieso ein Wunder, dass das Fohlen unverletzt zur Welt gekommen ist."

Hanna hatte genickt, mit einem großen Kloß in der Kehle. Und jetzt gingen ihr Mamas Worte durch den Kopf. Wieder und wieder.

Endlich war es Morgen. Hanna sprang schon ganz früh aus dem Bett. Heute war Samstag und schulfrei. Unten in der Küche hörte sie schon ihre Eltern rumoren. Mama packte die Sachen zusammen, die sie mitnehmen wollte. Papa schleppte die Koffer und Schachteln zum Auto.

„Das ist ja ein halber Umzug!", beschwerte er sich. „Wann wollt ihr denn wiederkommen? In einem Jahr vielleicht? Oder zieht ihr jetzt für immer zu Opa Ben?"

„Quatsch", sagte Mama lachend und tätschelte ihm den Rücken. „Keine Sorge, Manfred, wir kommen schon zurück. Aber besser, wir nehmen genügend Sachen mit, damit ich nicht wegen jeder Kleinigkeit nach Hause muss."

Robert schleppte seinen riesigen Plüsch-Delfin an. Er hatte ihn vor vier Wochen bei einer Tombola gewonnen, und seither musste der Delfin immer bei ihm im Bett schlafen.

Mama rollte die Augen. „O weh, muss der mit?"

Robert nickte bestimmt.

„Ich glaube, wir brauchen einen Lastwagen, um all die Sachen zu transportieren", stöhnte Papa.

Hanna rannte mindestens zehnmal in ihr Zimmer, weil ihr ständig etwas Neues einfiel, das sie mitnehmen wollte. Genügend Bücher. Eine Taschenlampe. Ihr Tagebuch. Den Badeanzug, weil sie dienstags in der Schule Schwimmen hatten.

Endlich war die Familie startbereit. Sie frühstückten noch zusammen, und dann kletterten Hanna und Robert auf die Rücksitze. Mama nahm hinter dem Lenkrad Platz. Der Wagen war so voll geladen, dass Papa aus Platzmangel sogar eine Tasche auf den Knien halten musste.

Opa Ben wohnte zum Glück nicht weit entfernt. Hanna und Robert radelten oft mit dem Fahrrad zu ihm. Trotzdem kam Hanna die Fahrt diesmal viel länger vor als sonst. Sie brannte darauf, das Fohlen zu sehen, und rutschte unruhig auf ihrem Sitz hin und her.

Pausenlos fielen ihr neue Fragen ein. „Wenn es ein Hengst ist, ist er dann sehr wild? Hat er schon einen Namen? Was machen wir, wenn das Fohlen die Flasche nicht will?"

Zuerst gab Mama geduldig Antwort, aber dann war sie von der ewigen Fragerei genervt. „Jetzt halt doch endlich mal die Klappe, Hanna. In ein paar Minuten sind wir da, dann kannst du Opa Ben mit deinen Fragen löchern!"

Beleidigt presste Hanna die Lippen zusammen. Na bitte, dann würde sie eben ab sofort kein Wort mehr sagen! Doch schon wenig später vergaß sie ihr Vorhaben und rief begeistert: „Wir sind da, wir sind da!“

Sie hatte Sternschnuppe und Opa Ben auf der Weide entdeckt. Opa Ben karrte gerade eine Schubkarre Mist aus dem Stall.

Frau Breitenbach seufzte. „Unbelehrbar! Er weiß genau, dass er keine schweren Arbeiten machen soll.“

„Aber wer bringt sonst den Mist weg?“, fragte Robert sofort.

„Das hätten wir doch jetzt erledigt“, meinte Frau Breitenbach.

Sie hielt an. Hanna und Robert befreiten sich von ihren Sicherheitsgurten und rannten zur Weide.

„Sternschnuppe, Sternschnuppe!“

Als die Stute ihren Namen hörte, drehte sie den Kopf und spitzte aufmerksam die Ohren. Dann trabte sie zum Zaun und begrüßte die Kinder.

„Liebe Sternschnuppe!“, sagte Hanna zärtlich und tätschelte dem Pferd den Hals. Robert tätschelte gleichzeitig von der anderen Seite.

Neugierig schnupperte Sternschnuppe an Hannas Pulli. Sie erwartete Leckerbissen.

Natürlich hatten die Geschwister ihr etwas mitgebracht. Hanna holte ein Stück trockenes Brot aus der Hosentasche, während Robert eine Mohrrübe hervorzog.

Die Kinder streckten gleichzeitig ihre flachen Hände aus. Die Stute zögerte kurz, dann schnupperte sie an der Mohrrübe und biss ein Stück davon ab. Robert hielt geduldig still. Als ein bisschen Pferdespucke auf seine Hand tropfte, verzog er kurz das Gesicht. Hanna lachte.

„Pferdespucke ist doch nicht giftig, Robert."

„Aber eklig", sagte ihr Bruder und wischte sich die feuchte Hand an seiner Hose ab.

Jetzt knabberte Sternschnuppe an Hannas Brotstück. Hanna zauste dem Pferd mit der freien Hand die Mähne.

„Du bist meine allerbeste Freundin, Sternschnuppe!"

Das Pferd prustete leise. Hanna war insgeheim überzeugt, dass Sternschnuppe fast alles verstehen konnte, was man zu ihr sagte.

Inzwischen war auch Opa Ben an den Zaun gekommen. Er sah ein bisschen müder aus als sonst und hatte dunkle Schatten um die Augen.

„Hallo, meine Lieben!"

Frau Breitenbach begrüßte ihren Vater mit einem Kuss auf die Wange.

„Unvernünftig wie immer, Paps", sagte sie mit einem vorwurfsvollen Ton in der Stimme. „Ich glaube, man muss dich gefesselt und geknebelt ins Bett stecken, bevor du dich ausruhst."

„Hallo, Ben." Herr Breitenbach war herangekommen und gab seinem Schwiegervater die Hand.

„Grüß dich, Manfred." Opa Ben erwiderte den Händedruck. Dann wuschelte er Hanna und Robert durchs Haar. „Na, ihr beiden, wollt ihr das Fohlen sehen?"

„Klar!", riefen Hanna und Robert wie aus einem Mund. Kurz entschlossen kletterten sie über den Zaun.

„Es ist im Stall", sagte Opa Ben. „Fidibus schließt gerade Freundschaft mit ihm."

Eines Tages war Opa Ben ein schwarzer Kater zugelaufen. Opa Ben hatte ihn Fidibus getauft. Der Kater war sehr scheu und ließ sich von keinem anfassen. Mit Sternschnuppe vertrug er sich allerdings ausgezeichnet. Die beiden waren dicke Freunde, und oft schlief Fidibus bei Sternschnuppe im Stall.

Der Pferdestall war an einer Seite offen, sodass Sternschnuppe selber entscheiden konnte, wann sie in den Stall gehen und wann sie ins Freie hinaus wollte.

„Wo ist das Fohlen?“, fragte Robert atemlos, denn im ersten Moment konnte er gar nichts erkennen.

Auch Hanna musste genau hinsehen. Das Fohlen lag in einer Ecke im Stroh.

„Ooooh, so klein!“, sagte Robert andächtig.

Das Fohlen war wirklich noch winzig. Es hatte pechschwarzes Fell. Seine großen Augen glänzten, als es den Kopf hob.

„Sachte“, mahnte Opa Ben, aber das wäre gar nicht nötig gewesen. Auf Zehenspitzen näherten sich die Kinder dem Fohlen, um es nicht zu erschrecken. Fidibus verkroch sich sofort, als die beiden näher kamen. Hanna und Robert hatten sich schon oft darüber geärgert, dass sich der Kater wohl nie an sie gewöhnte – obwohl sie ihn immer gefüttert und mit Leckerbissen angelockt hatten.

Doch jetzt hatten die Kinder nur Gedanken für das Fohlen.

Hanna wurde ganz warm ums Herz. Das Tier war so klein, so schutzbedürftig. Am liebsten hätte Hanna es sofort in die Arme geschlossen.

„Ich mache mir Sorgen, weil es kaum aufsteht“, murmelte Opa Ben. „Ein gesundes Fohlen ist nämlich gleich kurz nach der Geburt auf den Beinen und versucht, bei seiner Mutter zu trinken.“

Hanna schluckte. „Meinst du, es ist krank?“,

fragte sie voller Panik. „Glaubst du, es wird nie richtig stehen können?“

„Ab und zu versucht er schon, aufzustehen, aber sobald er es geschafft hat, plumpst er wieder um“, erzählte Opa Ben. „Durch den Unfall ist er ein paar Tage zu früh geboren worden. Wir müssen einfach Geduld haben. In einer Woche kann alles schon ganz anders aussehen.“

„Dürfen wir das Fohlen streicheln?“, fragte Robert.

Opa Ben nickte. „Ja, aber seid ganz vorsichtig mit ihm.“

Hanna und Robert knieten sich ins Stroh. Das Fohlen sah die beiden aus großen Augen an. Hanna strich ihm vorsichtig über den Kopf und berührte seine Stirn, die in der Mitte einen hellen Streifen hatte. Er sah aus wie –

„Wie ein Komet“, sagte Hanna.

Komet!

Kein Name der Welt passte besser zu dem kleinen Hengstfohlen.

„Ein schöner Name“, fand auch Opa Ben. „Hast du gehört, Komet? Du hast gerade einen Namen gekriegt. Wenn ich von der Kur zurück bin, feiern wir richtig Taufe und machen ein großes Fest!“

Fohlensitter

Herr und Frau Breitenbach waren inzwischen in den Stall gekommen und betrachteten das kleine Fohlen, das ab sofort zur Familie gehören sollte.

„Guck mal“, rief Robert aufgeregt. „Komet lutscht an meinem Finger. Der will meinen Finger fressen ...“

„Es wird langsam Zeit für die nächste Mahlzeit“, meinte Opa Ben. „Wer von euch möchte dem Kleinen die Flasche geben?“

„Ich“, meldete sich Hanna gleich.

„Nein, ich“, echote Robert.

„Ihr kommt beide noch oft genug dran", schaltete sich Mama ein. „Wetten, dass ihr euch nachts nicht darum reißt, das Fohlen zu füttern?"

Hanna und Robert blickten sich an und waren sich einig. Nachts aufstehen? Keine Frage, selbstverständlich!

„Das Fohlen muss alle zwei Stunden seine Flasche kriegen", sagte Opa Ben. Er wandte sich an Antje. „Ich bin so froh, dass mich der Tierarzt unterstützt hat. Ohne seine Hilfe hätte das Fohlen wohl kaum eine Überlebenschance. Er hat dafür gesorgt, dass Komet in den ersten Stunden die Milch von einer anderen Stute bekommen hat, die gerade erst geboren hat. In dieser ersten Milch sind nämlich wichtige Abwehrstoffe enthalten, die ein Fohlen unbedingt braucht."

Hanna schaute Opa Ben mit großen Augen an. Sie stellte sich eine spannende Nacht- und Nebelaktion vor.

„Hat der Tierarzt einfach eine fremde Stute gemolken?", fragte sie atemlos.

„Nein, die Milch war tiefgefroren, und der Tierarzt hat sie für uns besorgt", erklärte Opa Ben. „Es gibt ja immer wieder solche Notfälle. Dann hat der Tierarzt das Blut von Komet untersucht und nachgeprüft, ob die Werte stimmen."

Hanna erinnerte sich daran, wie der Kinderarzt ihr ab und zu Blut abnahm. Dazu stach er sie in den Finger oder ins Ohrläppchen. Es tat zwar kaum weh, trotzdem fand Hanna die Pikserei ziemlich grässlich.

„Wer kommt mit in die Küche und hilft mir, die Flasche für Komet zu machen?“, fragte Opa Ben.

Das ließen sich Hanna und Robert nicht zweimal sagen. Am liebsten wären sie gleich losgestürmt, doch Opa Ben konnte nicht so schnell gehen. Er hinkte leicht und hielt sich schief.

„Tut dein Rücken arg weh?“, fragte Hanna mitleidig.

„Geht so“, murmelte Opa Ben. „Ich muss aufpassen, welche Bewegungen ich mache.“

„Nach der Kur bist du bestimmt wieder fit wie ein Turnschuh“, behauptete Hanna.

Opa Ben lachte. „Na, wenn du das sagst, dann wird es auch stimmen.“

Sie betraten das kleine Häuschen. Hanna fand, dass es nirgendwo auf der Welt gemütlicher war als bei Opa Ben. Sie rannte voraus in die Küche.

Es roch nach Kräutern, die in großen Bündeln an der Wand hingen. Auf dem Herd stand ein großer Kochtopf. Hanna wusste, dass Oma damit früher Obst eingekocht hatte. Seit sie tot war, machte niemand mehr Kirschen oder Pfirsiche ein. Auch Marmelade wurde nicht mehr gekocht.

„Das kann ich nicht“, sagte Opa Ben immer. „Um den Garten kümmere ich mich gerne, und ein Essen bekomme ich allemal hin. Aber die Einkocherei ist Frauensache, darin bin ich altmodisch.“

Wenn es im Garten mehr Beeren und Obst gab, als man essen konnte, verschenkte Opa Ben die Früchte an Nachbarn und Freunde. Natürlich bekamen auch Hanna, Robert und ihre Eltern immer genügend Sachen ab.

Jetzt lupfte Hanna den Deckel. Sie war neugierig, was in dem großen Kochtopf gekocht wurde. Vielleicht Haferschleim für das Fohlen?

Doch der Topf war nur voller Wasser. Darin schwammen Flaschen und Gummisauger.

„Gut, dass ich den großen Topf noch habe“, meinte Opa Ben, der inzwischen nachgekommen war. „Ich verwende ihn, um Komets Flaschen und die Gummisauger auszukochen. Die Sachen müssen ganz sauber sein.“

Hanna nickte. Sie hatte eine Freundin, die vor kurzem einen kleinen Bruder bekommen hatte. Hanna hatte zugesehen, wenn das Baby gefüttert wurde. Flasche und Sauger mussten immer gut gereinigt werden. Sonst konnte das Baby Durchfall und schlimmes Bauchweh kriegen.

„Und was gibst du Komet zu trinken?“, fragte Robert gespannt.

„Milchersatz, extra für Fohlen“, antwortete Opa Ben. „Da ist alles drin, was auch in richtiger Stutenmilch ist.“

Er nahm eine große Dose aus dem Schrank und maß eine bestimmte Menge Pulver in einem Messbecher ab. Dann goss er abgekochtes Wasser darüber und füllte die weiße Flüssigkeit in eine Flasche. Zuletzt stülpte Opa Ben den Sauger auf die Öffnung. Zuvor hatte er sich die Hände gründlich gewaschen und sogar Einweghandschuhe aus dünner Plastikfolie übergestreift.

„Darf ich die Flasche haben?“, bettelte Hanna, als Opa Ben die Flasche schüttelte und dann an die Wange hielt, um die Temperatur zu prüfen.

Hanna musste eine saubere Schürze und ebenfalls Einweghandschuhe anziehen, dann durfte sie die Flasche nehmen.

Robert maulte. „Warum Hanna und nicht ich?“

„Das nächste Mal bist du dran“, versprach Opa Ben.

Hanna war stolz wie eine Schneekönigin. Mit der Flasche in der Hand lief sie zum Stall, gefolgt von Opa Ben und Robert.

Herr und Frau Breitenbach waren gerade dabei, das Gepäck aus dem Auto auszuladen.

„Wir schauen ein andermal zu, wenn das Fohlen trinkt“, meinte Mama. „Zu viele Leute stören bestimmt nur.“

„Genau“, stimmte Papa ihr zu. „Nachher kriegt es wegen uns noch Schluckauf.“

Hanna hatte Herzklopfen, als sie in den Stall ging.

Das Fohlen war gerade aufgestanden und machte ein paar wackelige Schritte vorwärts. Als es Hanna, Robert und Opa Ben sah, plumpste es wie ein Stein ins Stroh zurück.

„Na, du kleiner Abenteurer, vor uns brauchst du doch nicht zu erschrecken“, sagte Opa Ben liebevoll. „Guck mal, was Hanna für dich hat!“

Hanna streckte die Hand mit der Flasche aus. Sie erwartete, dass Komet neugierig einen langen Hals machen würde. Aber das Fohlen reagierte überhaupt nicht.

„So weit ist er noch nicht“, meinte Opa und klopfte Hanna zuversichtlich auf die Schulter. „Aber das kommt noch, bestimmt.“

Er zeigte Hanna, wie sie sich hinknien und dem Fohlen die Flasche geben sollte. Hanna ließ sich aufs Stroh sinken. Mit der freien Hand zog sie das Fohlen an sich heran, sodass der Leib ihre Knie berührte. Mit der anderen Hand hielt sie die Flasche und versuchte, den Sauger in das kleine Pferdemaul zu schieben. Zuerst gelang es nicht, und die Milch tropfte ins Stroh. Hanna zitterte vor Ungeduld. Doch dann klappte es endlich. Das Fohlen begann zu saugen.

Hanna und Opa Ben wechselten einen glücklichen Blick.

„Na, siehst du, es geht ja wunderbar", sagte Opa Ben.

Hanna betrachtete das Fohlen. Komet trank jetzt voller Eifer, mit großen, gleichmäßigen Schlucken. Der kurze Stummelschwanz an seinem Hinterteil bewegte sich sachte hin und her. Durch den Stoff ihrer Hose hindurch spürte Hanna die Wärme des Fohlens. Sie musste schlucken, so schön war es.

Viel zu schnell war die Flasche leer.

„Reicht das?“, fragte Hanna zweifelnd. „War es nicht zu wenig Milch? Vielleicht hat Komet noch Hunger?“

„Keine Sorge, unser Kleiner kriegt schon genug“, beruhigte Opa Ben sie. „Der Tierarzt hat mir eine Tabelle gegeben. Die Trinkmenge wird langsam gesteigert. Es freut mich aber, dass Komet so großen Appetit hat. Heute früh war es viel schwieriger, ihn zum Trinken zu bewegen. Du scheinst einen guten Einfluss auf ihn zu haben.“

Hanna freute sich über das Lob. Mit einem sauberen Lappen tupfte sie die Milchreste aus Komets Mundwinkel. Das Fohlen war jetzt müde und schien schlafen zu wollen. Hanna häufte links und rechts das Stroh auf, damit Komet es warm und kuschelig hatte.

„Wird Komet mal so groß wie Sternschnuppe?“, wollte Robert wissen. Er hatte die ganze Zeit kein Wort gesagt, sondern nur andächtig zugesehen, wie Komet die Flasche leer getrunken hatte.

„Ganz sicher“, antwortete Opa Ben. „Vielleicht wird er sogar noch größer, wer weiß.“

„Größer als Sternschnuppe?“ Das konnte sich Hanna kaum vorstellen. Dieser Winzling ...

„Ihr werdet staunen, wie schnell der Kleine wächst“, meinte der Großvater.

„Sollen wir ihn nicht besser mit einer Decke zudecken?“, fragte Hanna besorgt.

„Gute Idee“, sagte Opa Ben.

„Ich hol eine“, rief Robert und schoss los. Wenig später kam er mit einem großen, nagelneuen Badetuch zurück.

Opa Ben schmunzelte. „Das Badelaken hab ich mir eigentlich für die Kur gekauft ... Aber das geht schon in Ordnung. Ihr dürft es für Komet nehmen.“

Behutsam breiteten die beiden Kinder das Tuch über das Fohlen.

„Jetzt hat er es schön warm“, sagte Robert.

„Ich glaube, wir können Komet nun getrost eine Weile allein lassen“, sagte Opa Ben. „Kommt mit, ihr beiden. Ihr könnt euch nützlich machen und eurer Eltern beim Auspacken helfen."

Hanna konnte sich kaum von Komet trennen. Am liebsten hätte sie das Fohlen mit in die Küche genommen!

Auf dem Weg zum Haus plapperte Robert unentwegt. „Das nächste Mal darf ich aber die Flasche geben. Was machen wir, wenn sich Komet einsam fühlt? Wann braucht ein Fohlen Hufeisen? Und wenn es ausreißt, weil es seine Mutter suchen will?"

„Das mit den Hufeisen hat noch viel Zeit", entgegnete Opa Ben. „Und ich bin überzeugt davon, dass sich Komet nicht einsam fühlt, dafür werdet ihr schon sorgen. Ihr seid nämlich die besten Fohlensitter der Welt!"

Antje macht sich Sorgen

Im Haus herrschte großes Durcheinander. Der schmale Flur war mit Gepäck voll gestellt.

„Was ist denn hier los?“, fragte Opa Ben verblüfft. „Soll das ein Umzug werden?“

„Ganz meine Worte“, spottete Papa. „Antje hat wieder mal viel zu viel mitgenommen.“

Mama wirkte hektisch. „Gar nicht wahr.“ Sie trug gerade ihren Laptop herein und stellte ihn vorsichtig auf den Tisch.

„Was ist denn das?“, fragte Opa Ben.

„Ein tragbarer Computer“, sagte Mama stolz. „Ich hab ihn mir vor einer Woche gekauft. Zum Bücherschreiben.“

„Hm“, machte Opa Ben und betrachtete das Gerät. „Schreibst du damit bessere Bücher, Antje?“

„Nein, aber es ist viel bequemer als mit der Schreibmaschine“, antwortete Mama. „Wenn man sich mal vertippt hat, kann man den Text ausbessern, ohne dass gleich die ganze Zeile verschmiert ist. Ich spare damit eine Menge Zeit. Ausdenken muss ich mir die Geschichte aber nach wie vor.“

„Und gerade damit hapert es momentan“, bemerkte Papa spitz.

Mama wurde ein bisschen rot. „Das wird schon noch, Manfred."

„Gibt es Probleme, Antje?", wollte Opa Ben wissen.

„Ach." Mama druckste herum. Hanna wusste, dass sie nicht gerne darüber redete. „Ich komme mit der neuen Geschichte einfach nicht richtig voran. Das Schlimme ist, dass mich demnächst mein Lektor besuchen wird."

„Was ist ein Lektor?", fragte Robert. „Jemand,

der immer Eis lecken darf? Dann will ich auch Lektor werden!“

Mama musste lachen. Sie wuschelte Robert durchs Haar. „Mit meinem Lektor bespreche ich meine Geschichten. Er ist für mich so was Ähnliches wie für euch euer Lehrer. Er korrigiert meine Texte und sagt mir, wenn ein Kapitel zu langweilig ist oder wenn ich was falsch gemacht habe ...“

„Wenn er dich lobt, freust du dich, und wenn er mit dir schimpft, dann bist du sauer“, schlussfolgerte Hanna.

Mama nickte. „Genau so ist es.“

„Der Lektor will bei seinem Besuch die fertige Geschichte mitnehmen“, stichelte Papa. „Deswegen kriegt Antje jetzt so langsam Bauchweh und Kopfschmerzen.“

„Du übertreibst“, verteidigte sich Mama. „Bis er kommt, wird mir schon noch eine Lösung einfallen. Vielleicht platzt ja bald der Knoten, und ich werde vom Schreibfieber gepackt und kann gar nicht mehr aufhören ...“

Papa grinste nur.

„Genug davon“, sagte Opa Ben entschieden. „Ich habe jetzt Lust auf einen Kaffee. Wie wär's mit einem zweiten Frühstück? Ich will es noch einmal so richtig genießen und mit euch gemütlich zusammensitzen. Wer weiß, mit welchem Ekel ich in der Kur an einem Tisch hocken muss ..."

„Nun sieh mal nicht alles so düster." Antje lachte. „Bestimmt triffst du dort viele nette ältere Damen. Vielleicht schaffst du dir ja einen Kurschatten an."

„Was ist ein Kurschatten?", fragte Robert nach.

„Eine Freundin, die man bei der Kur kennen lernt", erklärte Hanna.

„Ich schaffe mir ganz sicher keinen Kurschatten an." Opa Ben schüttelte entrüstet den Kopf. „Außerdem hab ich schon eine Freundin."

Verblüfft starrten ihn die vier an. So eine Antwort hatten sie nicht erwartet.

Opa Ben grinste verschmitzt. „Jetzt tut nicht so. Ihr kennt sie doch alle: Sternschnuppe."

„Ach so", sagte Antje. Sie legte den Arm um Hanna.

Hanna hatte eine wichtige Frage auf dem Herzen.

„Was meint denn Sternschnuppe zu dem Fohlen? Ist sie lieb zu Komet?"

Insgeheim hoffte sie, dass Sternschnuppe dem Fohlen die fehlende Mutter ersetzen würde. Klar, säugen konnte die Stute den Kleinen nicht, sie hatte ihn ja nicht selbst geboren. Aber alles andere ...

Opa Ben lächelte.

„Sei nicht enttäuscht, Hanna. Sternschnuppe ist nicht unfreundlich zu dem Fohlen. Aber sie interessiert sich auch nicht besonders für den Kleinen. Deswegen dürfen wir ihr aber nicht böse sein. Vergiss nicht, sie hat noch nie ein eigenes Fohlen gehabt. Ich hab mir zwar auch gewünscht, dass der kleine Komet in ihr die Mutterinstinkte weckt, aber es kommt eben nur selten vor, dass eine Stute ein fremdes Fohlen annimmt."

„Hm", machte Hanna und ließ die Schultern sinken. Sie war ein bisschen traurig.

Antje legte den Arm um sie.

„Na, komm, das wird vielleicht noch. Jetzt wollen wir erst mal für Opa Ben Kaffee kochen. Manfred, ich glaube, wir haben den frisch gebackenen Nusskuchen draußen im Auto vergessen."

Wenig später saßen alle unter dem großen Kastanienbaum, tranken Kaffee oder Kakao und aßen den köstlichen Kuchen. Die Sonne malte Kringel auf den Holztisch, und Hanna dachte, dass es nirgendwo schöner war als bei Opa Ben.

Opa Ben lehnte sich seufzend zurück und sah hinauf in das Blätterdach. „Eigentlich habe ich gar keine Lust, zur Kur zu fahren. Nirgends kann ich mich besser erholen als hier."

„Kein Wort mehr“, sagte Antje. „Das Thema haben wir lange genug diskutiert. Du fährst, und damit punktum. Morgen bringe ich dich zum Bahnhof, und ich werde warten, bis der Zug abgefahren ist, damit du nicht heimlich wieder aussteigst!“

Ohne Opa Ben

Nach dem Mittagessen brachte Mama Papa nach Hause und kam dann mit dem Auto zurück. Sie hatten abgesprochen, dass Mama das Auto behalten sollte, um beweglicher zu sein. Papa würde in der nächsten Zeit das Fahrrad benutzen.

Hanna und Robert verbrachten fast den ganzen Nachmittag bei Sternschnuppe und dem Fohlen, während Mama Opa Ben beim Packen half. Sie sorgte dafür, dass er keine wichtigen Sachen vergaß.

„So, alles fertig", sagte sie schließlich und klappte den letzten Koffer zu.

„Ich hab jetzt schon Heimweh", behauptete Opa Ben. „Nach allem. Nach euch, nach Sternschnuppe, nach Komet, nach Fidibus ... und sogar nach diesem verdammten Küchentisch!" Er klopfte auf die Tischplatte und schniefte. Hanna, die gerade zur Tür hereinkam, sah, wie sich sein Gesicht in traurige Falten legte.

„Aber Opa!" Schon hing sie an seinem Hals und drückte ihren Großvater ganz fest.

„Du brauchst nicht traurig zu sein. Du kommst doch bald wieder."

„Opa glaubt nämlich, wir würden in drei Wochen sein Haus ruinieren", meinte Antje belustigt. „Und den Garten dazu. Schau mal, welche Liste er vorsichtshalber für uns geschrieben hat."

„Du bist ziemlich frech, meine liebe Tochter", brummte Opa Ben, aber er grinste dabei.

Hanna nahm den Zettel vom Tisch und las laut vor, was darauf stand.

„Unkraut jäten, Pflanzen gießen, Beeren ernten, Bierfallen aufstellen." Sie krauste die Stirn und wiederholte: „Bierfallen aufstellen?"

„Für die Schnecken", erklärte Opa Ben. „Die sind nämlich die reinste Plage. Bei feuchter Witterung kommen sie in Scharen aus der Wiese in den Garten und fressen alles ab. Da helfen nur noch Bierfallen."

Hanna wollte wissen, wie eine Bierfalle funktionierte.

„Man füllt eine Schale mit Bier und gräbt sie in den Boden ein", antwortete Opa Ben. „Die Schnecken werden von dem Duft angelockt. Sie vergessen, dass sie eigentlich Salat fressen wollen, kriechen zur Bierschale – und ertrinken."

Hanna hatte sofort Mitleid mit den armen Schnecken. Sie würde nie eine Bierfalle aufstellen, und falls Mama es tat, dann würde sie heimlich die Schalen ausleeren, um die Schnecken zu retten.

„Rasen mähen“, las Hanna dann weiter. „Ab und zu die Kellertreppe kehren. Rechtzeitig an Futter für Fidibus denken.“ Empört ließ sie den Zettel sinken und sah Opa Ben an. „Als ob wir so was vergessen würden!“

„Ich meine ja nur.“ Opa Ben zuckte mit den Achseln. „Für alle Fälle. Und jetzt schreib ich euch noch die Telefonnummern vom Schmied und vom Tierarzt auf.“

Er notierte die beiden Nummern auf einen Zettel und heftete ihn gut sichtbar an die Pinnwand.

„Den Schmied werdet ihr kaum brauchen, ich habe Sternschnuppe erst neulich frisch beschlagen lassen. Aber es kann ja sein, dass sie ein Hufeisen verliert. Dann müsst ihr sofort etwas unternehmen.“

„Geht klar“, versprach Antje.

„Der Tierarzt wird sowieso ab und zu vorbeischauen und nach Komet sehen", meinte Opa Ben. „Die Nummer ist nur für den Notfall."

„O je, schon so spät", sagte Antje plötzlich, nachdem sie einen Blick auf die Uhr geworfen hatte. „Hanna, Robert, ihr beide müsst schleunigst ins Bett. Ab ins Bad mit euch!"

Eine Viertelstunde später lagen Hanna und Robert in ihren Betten. Mama kam nach oben und gab zuerst Robert und dann Hanna einen Gutenachtkuss.

Hanna kuschelte sich in die Bettdecke. Sie war jetzt doch ziemlich müde. Unzählige Male war sie zwischen dem Haus und dem Stall hin- und hergesaust. Ausgepackt hatte sie auch noch nicht richtig. Das würde sie morgen erledigen.

„Und was ist mit Komet?“, fragte sie, die Bettdecke bis zur Nase hochgezogen. „Wer gibt ihm heute Nacht die Flasche?“

„Opa Ben und ich wechseln uns ab“, sagte Mama.

Hanna bot sofort an zu helfen. Aber Mama lehnte ab.

„Nein, schlaf du mal ruhig. Morgen wird es bestimmt sehr anstrengend, und du wirst jede Menge zu tun haben. Gute Nacht.“

„Gute Nacht, Mama.“

Einen Anflug von schlechtem Gewissen hatte sie trotzdem, als Mama das Licht ausknipste und das Zimmer verließ. Wie konnte sie hier ruhig im Bett liegen? Würde sich Komet nicht einsam fühlen? Sobald Hanna die Augen zumachte, sah sie das Fohlen vor sich. Seine großen, dunklen Augen, den kleinen Kopf mit den spitzen Ohren, die schöne weiße Zeichnung auf der Stirn ... Hanna knuffte die Bettdecke zurecht. Ihre Arme taten ein bisschen weh, besonders der linke Unterarm. Damit hatte sie Komet beim Füttern gestützt. Noch immer haftete ein leichter Geruch nach Pferd an ihr. Er war selbst beim Waschen nicht weggegangen.

„Robert, schläfst du schon?“

„Hm ... hhmmm...“, kam es undeutlich vom anderen Bett.

„Komet soll groß und stark werden. Dafür müssen wir alles tun."

„Hmmm ..."

„Hörst du mir überhaupt zu, Robert? Du musst ganz fest die Daumen drücken. So fest du kannst."

„Mach ich doch", murmelte Robert schlaftrunken. „Ganz fest."

Wenig später hörte Hanna nur noch Roberts gleichmäßige Atemzüge. Er war eingeschlafen.

Hanna dagegen fand noch lange keinen Schlaf. Ab und zu drangen die Stimmen von Mama und Opa Ben von unten herauf, dann klappte die Haustür. Komet bekam seine nächste Flasche.

Hanna drehte sich zum Fenster. Der Vollmond schien hell ins Zimmer und malte einen Lichtschein auf die Bettdecke. Alles sah wie verzaubert aus.

„Lieber Mond", sagte Hanna laut. „Pass gut auf Komet auf. Und natürlich auch auf Sternschnuppe!"

„Wie geht es Komet?", war Hannas erste Frage am nächsten Morgen.

Mama saß im Bademantel am Küchentisch. Sie sah müde und erschöpft aus. Vor ihr standen ihr Laptop und eine große Tasse Kaffee.

„Es geht ihm ganz gut", antwortete Mama. „Aber sei bitte leise, damit du Opa nicht weckst."

„Hat Komet immer alles ausgetrunken?“, wollte Hanna wissen.

Mama seufzte. „Ja, er hat alles ausgetrunken, bis auf den letzten Tropfen. Und dann hat er alles so nass gepinkelt, dass wir um Mitternacht das Stroh austauschen mussten.“ Sie dehnte und streckte sich. „Ich habe heute Nacht vielleicht drei Stunden geschlafen. Höchstens.“

Hanna blickte auf den Laptop. „Worum geht es denn in deiner neuen Geschichte?“, fragte sie.

„Um einen Hund“, erzählte Mama. „Eine Familie, die bisher überhaupt keine Erfahrung mit Hunden hat, kommt plötzlich zu einem Hund. Eine weit entfernte Verwandte hat nämlich eine Hundeallergie entwickelt. Die Familie übernimmt also den Hund und macht zuerst alle Fehler, die man überhaupt machen kann ...“

Hanna runzelte die Stirn. „Schreib doch lieber über Komet“, schlug sie vor.

„Ich hab erst letztes Jahr ein Pferdebuch geschrieben“, wandte Mama ein.

Hanna erinnerte sich, wie Mama im letzten Jahr die Erlebnisse mit Sternschnuppe aufgeschrieben hatte.

„Und warum kannst du nicht noch ein Pferdebuch schreiben?“, hakte Hanna nach. „Komet ist

garantiert interessanter als eine Allergie-Tante und ihr komischer Hund ..."

Mama lächelte. „Zu Komet würde mir bestimmt jede Menge einfallen. Aber das wäre eine ganz andere Geschichte. So eine große Änderung müsste ich erst mit meinem Lektor besprechen..."

„Dann ruf ihn am besten gleich an", drängte Hanna.

Mama schüttelte den Kopf. „Liebes, heute ist Sonntag. Da kann ich meinen Lektor nicht einfach belästigen."

„Und wenn es ein Notfall ist?"

Mama musste lachen. „Ach, Hanna."

Hanna zog eine Schnute. „Ich finde sowieso, dass du in deiner Geschichte schreiben kannst, was du willst. Den Lektor würde ich gar nicht fragen. Und wenn er dich besucht, dann überraschst du ihn einfach."

„Keine schlechte Idee", gab Mama zu. „Ich werde darüber nachdenken."

Jetzt kam Robert in die Küche und verkündete, dass er kurz vorm Verhungern sei.

„Wollt ihr beide Kakao?", fragte Mama.

„Für mich nur Milch", sagte Robert und gähnte so heftig, dass man seinen Kiefer knacken hören konnte.

„Gib ihm bloß keine Fohlenmilch", meinte Hanna belustigt, als Mama am Küchenschrank hantierte. „Dann fängt er vielleicht noch an zu wiehern."

„Oder ihm wächst Fell", entgegnete Mama. „Und statt ihm neue Schuhe zu kaufen, muss ich mit ihm zum Hufschmied."

Bei der Vorstellung mussten alle drei laut kichern.

Plötzlich stand Opa Ben in der Küchentür.

„Guten Morgen", brummte er. „Hier geht's ja lustig zu. Freut ihr euch denn so sehr darauf, dass ich bald weg bin?"

„Was für ein Unsinn!" Antje knuffte ihren Vater liebevoll in die Rippen. „Du weißt nur zu genau, wie sehr wir dich vermissen werden."

Opa Ben seufzte und setzte sich an den Küchentisch. Während des Frühstücks war er sehr schweigsam und sagte nur „Ja“ oder „Nein“ oder „Das Salz, bitte.“ Hanna und Robert versuchten alles, um Opa Ben aufzumuntern. Robert gurgelte mit der Milch und spielte Schweinchen, aber der Großvater verzog keine Miene. Als sich Robert verschluckte, sagte Mama genervt: „Es reicht, Robert.“

Hanna klopfte ihrem Bruder heftig auf den Rücken.

Nach der Mahlzeit lud Antje Opas Gepäck ins Auto. Dann fuhren sie zu viert zum Bahnhof. Bis der Zug kam, hatten sie noch jede Menge Zeit. Die Kinder probierten aus, wie der Fahrkartenautomat funktionierte und wie viel die Fahrt nach Hamburg oder Buxtehude kostete.

„Vielleicht fällt mein Zug ja aus“, sagte Opa Ben hoffnungsvoll. „Dann kann ich zu Hause bleiben.“

Aber da ertönte schon die Durchsage aus dem Lautsprecher: „Auf Gleis zwei fährt in Kürze ein: der Regionalexpress nach Köln, Abfahrt zehn Uhr drei.“

„Jetzt wird's ernst“, sagte Opa Ben gequält.

Wenig später kam der Zug. Mama und Robert drückten Opa Ben. Auch Hanna umarmte ihren Großvater fest. Hoffentlich merkte er nicht, wie traurig sie war, dass er wegfuhr! Beim Einsteigen half Antje ihrem Vater mit den Koffern.

„Beim Umsteigen in Köln nimmst du dir einen Gepäckträger“, sagte sie. „Und wenn du angekommen bist, steigst du in ein Taxi.“

„Dass ich mich mal so von meiner Tochter rumkommandieren lasse, hätte ich auch nicht gedacht“, brummte Opa Ben.

Der Schaffner gab das Signal zur Abfahrt, und die Zugtüren schlossen sich automatisch. Als der Zug abfuhr und Opa Ben den Zurückgebliebenen vom Fenster aus zuwinkte, wurde Hanna ein bisschen mulmig zu Mute. Würden sie wirklich ohne Opa Ben zurechtkommen?

Sie winkten, bis der Zug verschwunden war.

„So“, sagte Antje und legte ihre Arme um Hanna und Robert, „jetzt soll er sich mal gut erholen. Los, kommt, Kinder, ich glaube, Komet wartet schon wieder auf seine Flasche.“

„Diesmal darf ich ihn aber füttern“, verlangte Robert, als sie zurück zum Auto gingen.

Komet schlief, als Hanna und Robert in den Stall kamen. Robert trug die Flasche und hielt sie immer wieder an seine Wange, um sich zu vergewissern, dass die Milch nicht zu heiß war.

„Was jetzt?", fragte Hanna unschlüssig. „Sollen wir ihn wecken?"

Robert zuckte die Schultern. „Keine Ahnung."

Opa Ben hätte sicher gewusst, was richtig war.

Das Fohlen sah süß aus, wie es im Stroh lag, die Beine angewinkelt und die Augen geschlossen. Hanna konnte sogar sehen, wie unter dem Fell sein Herz pochte. Die Kinder trauten sich nicht, Komet zu wecken.

„Wir warten einfach ein paar Minuten", schlug Hanna vor. „Vielleicht wird Komet von selber wach."

Reglos standen sie da. Sternschnuppe kam neugierig von hinten heran und blies Hanna ihren warmen Pferdeatem in den Nacken.

Es kitzelte, und Hanna kicherte los. Sie drehte sich um und umarmte Sternschnuppe.

„Du Arme. Du wirst ganz schön vernachlässigt. Gleich nachher machen wir einen Spazierritt zusammen. Versprochen!"

Gleich darauf galt Hannas Aufmerksamkeit wieder Komet. Das Fohlen blinzelte und bemühte sich, auf die Beine zu kommen. Wackelig stand es auf seinen vier Hufen und schaute mit großen Augen in die Welt.

„Du kleiner Süßer", sagte Hanna entzückt. Sie hoffte, dass Komet einige Schritte machen würde, aber Robert wollte ihm jetzt die Flasche geben. Vor lauter Eifer schubste er versehentlich das Fohlen, und es fiel zurück ins Stroh.

„Tollpatsch!", schimpfte Hanna. „Her mit der Flasche! Du machst es sowieso nicht richtig. Wie du die Flasche hältst, läuft doch alles raus." Sie riss ihm die Flasche aus der Hand.

Robert war empört. „Immer willst du alles besser machen. Das sag ich Mama. Du bist gemein."

Hanna stellte sich taub. Robert sah noch ein paar Sekunden zu, wie Komet aus der Flasche trank, dann drehte er sich um und lief ins Haus zurück.

Alles geht schief!

„Ich finde es nicht gut, wenn ihr euch streitet", sagte Mama und machte ein strenges Gesicht. „Ich habe einfach keine Zeit und auch keine Lust, dauernd den Schiedsrichter zu spielen. Hanna, du bist die Ältere. Wie heißt es immer? Der Klügere gibt nach. Also vertragt euch! Und dann helft ihr mir gefälligst, die Küche aufzuräumen."

Als sie den Kindern den Rücken zukehrte, streckte Robert Hanna die Zunge heraus. Hanna machte dasselbe. Ihre Zunge war größer und länger.

In der Küche herrschte großes Durcheinander. Auf der Anrichte stapelte sich das benutzte Frühstücksgeschirr. Opa Ben besaß keine Geschirrspülmaschine. Für eine Person würde sich so ein Gerät nicht lohnen, meinte er. Jetzt fiel aber doch eine Menge Geschirr an. Außerdem mussten die Flaschen für Komet gesäubert und mit heißem Wasser ausgekocht werden.

Robert spülte, Hanna trocknete ab. Sie wechselten kaum ein Wort.

„Aus dem Weg, Robert", sagte Hanna nur, als sie einen Stapel abgetrockneter Teller durch die Küche trug.

„Wer bringt den Abfall raus?“, fragte Mama, die gerade die Anrichte abgewischt hatte und Komets ausgekochte Flaschen auf ein sauberes Tuch stellte.

Robert schnitt eine Grimasse, aber dann griff er nach dem Müllbeutel und nach der Schüssel mit Bioabfällen, die auf den Kompost gehörten.

„So, endlich fertig“, sagte Mama und trocknete die Hände ab. Dann setzte sie sich an den Küchentisch und klappte wieder ihren Laptop auf.

„Heute Mittag werden wir uns Hähnchen vom Schnellimbiss holen. Ich hab keine Lust, noch ein aufwändiges Mittagessen zu kochen.“

Hanna blickte über Mamas Schulter auf den Flachbildschirm.

„Fohlenbuch – erstes Kapitel“, stand darauf zu lesen. Das war alles.

„Besonders weit bist du noch nicht“, sagte Hanna.

„Das weiß ich selbst.“ Mama seufzte. „Der Anfang ist immer besonders schwer. Es gibt so viele Möglichkeiten, wie man eine Geschichte beginnen kann. Soll ich mit den Tieren anfangen oder mit den Menschen? In der Schule, zu Hause oder im Stall?“

Hanna setzte sich zu ihr an den Tisch. Zusammen überlegten sie, und Hanna machte einige Vorschläge, zu denen Mama begeistert nickte.

Nach und nach wurde Mama immer stiller. Ihre Finger fingen an, eifrig über die Tastatur zu huschen. Hanna hatte den Eindruck, dass Mama alles um sich herum vergessen hatte. Leise stand Hanna auf und verließ die Küche.

Draußen vor dem Haus setzte sie sich auf die große Holzbank. Die Sonne schien. Die Glyzinie an der Hauswand verbreitete mit ihren violetten Blüten einen süßen Duft. Hanna hörte, wie die Hummeln summten. Sie schloss die Augen.

Kurz darauf merkte Hanna, dass sich jemand neben sie auf die Bank setzte. Es war Robert.

„Vertragen wir uns wieder?“, fragte er mit einem schuldbewussten Seitenblick.

„Petze“, sagte Hanna nur und stand von der Bank auf. „Ich reite jetzt mit Sternschnuppe aus.“

„Ich komm mit.“

„Lass mich bloß in Ruhe.“

„Aber du darfst nicht allein reiten“, beharrte Robert. „Du weißt doch, was wir Opa versprochen haben.“

Wenn einer von ihnen ausritt, fuhr der andere mit dem Fahrrad hinterher. Das war eine Vorsichtsmaßnahme. Falls ein Unfall passieren sollte, dann konnte der andere Hilfe holen.

Doch heute hatte Hanna keine Lust, dass Robert mitkam. Sie war noch immer stinksauer auf ihren Bruder. Meistens vertrug sie sich gut mit ihm, aber wenn es einmal Krach gab, dann richtig.

„Steh mir nicht dauernd im Weg rum“, fauchte sie ihn an, als sie Sattel und Trense holte.

„Ich will dir doch bloß beim Satteln helfen.“

„Das kann ich allein, du Knirps.“

Knirps! Von allen abwertenden Bezeichnungen hasste Robert das Wort Knirps am meisten. Er war längst nicht mehr so klein wie früher, sondern schon fast so groß wie Hanna. Nur noch wenige Zentimeter fehlten. Eines Tages würde er sie überholen, das hatte er sich fest vorgenommen!

Stumm sah Robert zu, wie Hanna die Stute putzte und die Hufe auskratzte. Dann schob sie Sternschnuppe das Gebiss ins Maul, richtete die Trense und verschnallte sie. Zuletzt hievte sie den Sattel auf den Pferderücken, befestigte den Gurt, stellte die Steigbügel auf die richtige Länge ein und schwang sich auf die Stute.

„Auf geht's, Sternschnuppe.“ Sie ritt im Schritt über die Weide. „Du kannst mir das Tor aufmachen, Robert.“

Aber Robert rührte sich nicht. Hanna musste noch einmal absteigen und das Tor selber öffnen.

„Blödian."

Als sie wieder aufsaß, kam Robert an und reichte ihr den Reithelm hinauf.

„Den hast du vergessen."

An den Helm hatte Hanna wirklich nicht mehr gedacht. „Bei der Hitze auch noch einen Helm." Sie stöhnte zuerst, dann setzte sie ihn aber doch auf. Opa Ben konnte fuchsteufelswild werden, wenn sie beim Reiten keinen Helm trug.

„Du hast nur einen einzigen Kopf", sagte er immer. „Und wenn der kaputt ist, gibt es keine Ersatzteile!"

Hanna prüfte, ob der Helm richtig saß, dann griff sie die Zügel, und Sternschnuppe trabte durchs Tor auf den Feldweg.

„Mach das Tor lieber wieder zu, sonst haut Komet vielleicht ab“, rief sie Robert zu. Sie zweifelte zwar daran, dass der Kleine den Stall verlassen würde, aber sicher war sicher. Nicht auszudenken, wenn Komet auf die Straße laufen und genau wie seine Mutter von einem Auto erfasst werden würde!

Hanna schluckte. Sie erinnerte sich wieder an den schrecklichen Unfall, der sich vor wenigen Tagen ganz in der Nähe ereignet hatte. Wäre er doch nie passiert! Dann würde Komet jetzt noch seine Mutter haben ...

Ganz in Gedanken ritt Hanna am Wegesrand entlang. Nach einer Weile hörte sie hinter sich ein Geräusch. Als sie sich umdrehte, sah sie, wie Robert mit dem Fahrrad hinter ihr herstrampelte.

„Was willst du?“

„Mitkommen.“

„Aber ich hab dir noch gesagt, dass du zu Hause bleiben sollst.“

Robert gab keine Antwort mehr. Hanna drückte Sternschnuppe die Fersen in die Seite. Die Stute schlug eine flottere Gangart ein. Robert musste sich mächtig anstrengen, um das Tempo zu halten.

Bald waren die letzten Häuser außer Sichtweite. Hanna bog auf einen Weg ein, der zum Wald führte. Der Boden war weich und sandig – gerade richtig für einen Galopp.

„Auf geht's, Sternschnuppe!“

Die Stute gehorchte. Hanna genoss den weichen, wiegenden Rhythmus.

„Nicht so schnell“, rief Robert hinter ihr her. Der sandige Feldweg bremste ihn. „Warte doch, Hanna!“

„Den Zwerg hängen wir locker ab, nicht wahr, Sternschnuppe?“, meinte Hanna und schnalzte mit der Zunge.

Sie galoppierten bis zum Waldrand. Dort war der Weg frisch geschottert – nicht gerade das Beste für Pferdehufe. Hanna zügelte Sternschnuppe und entschloss sich, lieber den schmalen Pfad zur Rechten einzuschlagen. Der war angenehmer zu reiten. Als sich Hanna noch einmal nach Robert umdrehte, sah sie, wie ihr Bruder in weiter Ferne gerade sein Rad aus einer Sandkuhle zerrte.

Hanna bog nach rechts ab und ließ Sternschnuppe antraben. Der Weg war wirklich nicht sehr breit. Manchmal streiften Zweige Hannas Arme. Wie sie das frische Frühlingsgrün der Blätter liebte! Es duftete nach Maiglöckchen und Waldmeister. Hanna legte den Kopf in den Nacken und betrachtete den blauen Himmel zwischen den Baumkronen. Herrlich! Gab es etwas Schöneres, als an einem sonnigen Tag durch den Wald zu reiten?

Plötzlich fühlte Hanna, wie etwas heftig gegen ihre Brust schlug. Ehe sie sich versah, wurde sie aus dem Sattel gehoben und landete auf dem Boden. Der Aufprall nahm ihr den Atem. Sie spürte einen stechenden Schmerz in ihrem Knöchel.

Tränen traten ihr in die Augen. Es war nicht das erste Mal, dass sie vom Pferd gefallen war. Aber diesmal konnte sie nicht aufstehen. Als sie den verletzten Fuß bewegte, wurde ihr schlecht, und rundherum fing alles an zu flimmern. Nur schemenhaft nahm Hanna wahr, dass Sternschnuppe stehen geblieben war. Neugierig drehte sich die Stute um.

„Mein Fuß!", schniefte Hanna. „Ich glaub, ich hab mir den Knöchel gebrochen, Sternschnuppe. Was mach ich nur?"

Die Stute wieherte leise. Mit hängenden Zügeln kam sie zu Hanna zurück, blieb bei ihr stehen und senkte den Kopf. Hanna vergrub ihr Gesicht in die dicke Pferdemähne.

„Nein, du kannst nichts dafür, Sternschnuppe. Ich bin selber schuld. Ich hab in die Luft geguckt und den großen Ast nicht gesehen ..."

Sternschnuppe wieherte leise.

Wenig später raschelte es, und dann stand Robert mit seinem Fahrrad da. Als er Hanna auf dem Boden sitzen sah, ließ er das Rad einfach fallen.

„Bist du gestürzt? Bist du verletzt? Bist du tot? Hanna!“

Er schlang seine Arme um seine Schwester.

„Natürlich leb ich noch, du Doofmann“, sagte Hanna mit einem Schluchzer in der Stimme.

Noch nie war sie so froh gewesen, ihren Bruder zu sehen. Wie gut, dass er ihr nachgefahren war! „Aber mein Knöchel ist kaputt. Kannst du mir aufhelfen? Allein komme ich nicht hoch.“

Mit einer Hand krallte sich Hanna an Sternschnuppe fest, mit der anderen zog Robert sie auf. Schließlich stand Hanna – auf einem Bein. Sie lehnte sich an Sternschnuppe und atmete tief durch, weil ihr schwarz vor Augen wurde.

Robert stellte fortwährend Fragen. „Ist es schlimm, Hanna? Wo tut's weh? Kannst du laufen? Willst du wieder auf Sternschnuppe steigen?“

„Ach Robert“, sagte Hanna kläglich. „Ich glaube, ich schaff's nicht nach Hause ...“

„Du musst es versuchen“, redete ihr Robert zu. „Vielleicht geht's wenigstens ein Stück. Bis zum

Waldrand. Dann kann Mama dich mit dem Auto holen."

Hanna probierte zuerst, wieder in den Sattel zu steigen. Doch bald zeigte sich, dass daran mit dem verletzten Fuß nicht zu denken war. Sie konnte sich einfach nicht hochziehen. Nach ein paar gescheiterten Versuchen gab Hanna auf.

„Wir müssen Sternschnuppe dazu bringen, dass sie sich hinkniet", schlug Robert vor. „Schließlich war sie doch mal ein Zirkuspferd."

Das stimmte. Vor ungefähr einem Jahr hatte Sternschnuppe noch zu einem kleinen Wanderzirkus gehört, bis Opa Ben sie dann gekauft hatte.

„Sternschnuppe kniet sich bestimmt nicht hin." Hanna schüttelte den Kopf. „Ich hab schon so oft versucht, ihr den Trick beizubringen."

„Na, dann halt nicht." Robert nagte enttäuscht an seiner Unterlippe. Schließlich hellte sich sein Gesicht auf. Er hatte eine neue Idee. „Vielleicht kannst du mein Fahrrad nehmen und damit ein Stück rollern."

Sie versuchten es. Der Sattel war auf Roberts Größe eingestellt. Sitzend konnte Hanna mit den Füßen gut den Boden erreichen. Sie ließ das verletzte Bein hängen und stieß sich mit dem gesunden ab.

„Es geht!“, schrie Robert begeistert. „Ich hab gewusst, dass du es schaffst.“

Diese Fortbewegungsart war zwar sehr anstrengend, und Hanna hatte das Gefühl, dass jemand mit vielen Nadeln in ihren Knöchel stach, aber Stück für Stück kamen sie voran. Robert führte Sternschnuppe am Zügel hinter sich her. So erreichten sie den Waldrand.

„Jetzt reite ich heim und sag Mama Bescheid“, erklärte Robert. Er kletterte auf einen Baumstumpf und schwang sich in den Sattel. Hanna wunderte sich, wie geschickt ihr Bruder inzwischen aufsteigen konnte. Anfangs hatte er viel größere Probleme gehabt.

„Ich beeil mich“, versprach Robert, winkte Hanna zu und trabte an.

Hanna sah ihm nach. Als er ein Stück entfernt war, fiel ihr ein, dass Robert gar keinen Reithelm aufhatte. Und er hatte auch vergessen, die Steigbügel auf seine Länge einzustellen.

„Hoffentlich passiert ihm nicht auch noch was“, dachte Hanna besorgt und drückte ganz fest die Daumen.

Im Krankenhaus

Robert kam heil zu Hause an. Mama erschrak sehr, als er ihr erzählte, dass Hanna vom Pferd gestürzt war.

„Ach, du liebe Zeit!“ Sie wurde ganz blass. „Ist es schlimm?“

Robert zögerte. „Vielleicht hat sie sich den Fuß gebrochen ...“

Antje trug ihm auf, schnell Sternschnuppe in den Stall zu bringen. Dann griff sie nach den Autoschlüsseln und sah sich nervös in der Küche um.

„Wo hab ich bloß mein Handy hingelegt?“

„Das ist noch im Auto“, erinnerte sich Robert.

„Gut“, sagte Mama.

„Notfalls können wir damit einen Krankenwagen rufen.“

Robert sattelte Sternschnuppe in aller Eile ab und streifte ihr die Trense vom Kopf. Alles andere hatte Zeit. Er vergewisserte sich, dass er das Gatter ordentlich geschlossen hatte – Sternschnuppe war schon einmal ausgerissen – und rannte zurück zum Haus.

Mama wartete ungeduldig im Auto auf ihn. „Mach schnell, Robert. Wo genau hast du Hanna zurückgelassen?“

Robert beschrieb ihr den Weg, und Mama folgte seinen Anweisungen. Der Feldweg war normalerweise für Autos verboten, doch heute scherte sich Mama nicht um das Verbot. Dies war ein Notfall!

Hanna hockte noch auf derselben Stelle. Sie grins-

te schief, als Mama aus dem Auto stieg und auf sie zustürzte.

„Hanna, was machst du für Sachen!“

„Geht schon wieder“, antwortete Hanna mit schmerzverzerrtem Gesicht. Sie deutete auf ihren Knöchel. „Nur da unten tut's verflixt weh!“

„Lass mal sehen.“ Mama ging in die Hocke und streifte Hannas Hosenbein hoch. Beim Reiten trug Hanna meistens bequeme Turnschuhe, die bis über den Knöchel reichten. Die mochte sie lieber als Stiefel.

„Sieht geschwollen aus.“ Mama hatte das Bein vorsichtig untersucht. „Ich glaube, ich fahre dich besser ins Krankenhaus.“

„Muss das sein?“, fragte Hanna, die Krankenhäuser nicht besonders mochte.

„Liebes, wenn der Fuß tatsächlich gebrochen ist, dann ist das kein Spaß“, sagte Mama.

Hanna schnitt eine Grimasse. Sie stützte sich auf Mamas Arm und bewegte sich hüpfend zum Auto. Danach lud Mama mit Roberts Hilfe das Fahrrad in den Gepäckraum.

„Ich will aber keinen Gips“, sagte Hanna wütend, als sie auf der Landstraße waren und zum Krankenhaus fuhren. „Ich will auch nicht im Bett liegen. Ich will reiten und mich um Komet kümmern ...“

„Beruhige dich, und hab keine Angst“, meinte Mama. „Im Krankenhaus werden sie uns sagen, was für dich richtig ist.“

Hanna schwieg. Als das Krankenhaus in Sicht kam, stiegen ihr wieder Tränen in die Augen. „Warum hab ich bloß in die Luft geguckt? Dann wäre das alles nicht passiert!“

Sie klingelten an der Notaufnahme. Dort kümmerte man sich um Hanna. Zuerst wurde sie von einer freundlichen Krankenschwester in einen

Rollstuhl gesetzt, damit sie mit ihrem verletzten Fuß nicht zu laufen brauchte. Dann wurden ihre Daten aufgenommen. Schließlich erschien ein Arzt, der Hannas Knöchel untersuchte. Vorsichtig wurde ihr Fuß von dem Turnschuh befreit. Ein starker Schmerz durchzuckte Hannas Bein. Sie biss die Zähne zusammen.

„Gebrochen ist er nicht", sagte der Arzt. „Wahrscheinlich verstaucht. Zur Sicherheit werden wir röntgen."

Auch Hannas Kopf wurde geröntgt – für alle Fälle.

Danach mussten sie eine Weile auf das Ergebnis warten. Hanna fragte ihre Mutter immer wieder nach der Uhrzeit.

„Komet braucht bald die nächste Flasche."

Mama nickte. „Ich hab's nicht vergessen."

Endlich kam der Arzt wieder und erklärte die Röntgenbilder.

„Wie gut, dass du beim Reiten den Helm getragen hast. Sonst hätte die Sache noch schlimmer ausgehen können."

Hanna wurde rot. Schuldbewusst sah sie Robert an. Sie war heute ganz schön gemein zu ihm gewesen, dabei hatte er sie vielleicht vor etwas viel Schlimmerem als einem kaputten Knöchel bewahrt! Der Arzt sprach schon weiter. „Zur Vorsorge werden wir dich über Nacht dabehalten. Wenn morgen früh alles in Ordnung ist und du keine Gehirnerschütterung hast, darfst du nach Hause.“

„Kann ich nicht gleich mit?“, bettelte Hanna. Sie hatte keine Lust, eine Nacht im Krankenhaus zu verbringen.

Aber der Arzt schüttelte den Kopf.

„Und jetzt machen wir dir einen Verband.“

Hannas Knöchel wurde mit einer elastischen Binde umwickelt, die mit einer Art Leim getränkt war.

„Luftdurchlässiger als Gips", sagte der Arzt. „Der Verband bleibt fünf Tage lang dran. Und denk dran, dein Bein zu schonen. Nachher zeigt dir die Schwester, wie du mit Krücken laufen kannst."

Hanna bekam ein Zimmer in der orthopädischen Abteilung zugewiesen. Auf dem Weg dorthin brach Hanna in Tränen aus.

„Ich will nicht hier bleiben. Mama, bitte nimm mich wieder nach Hause mit."

„Du hast doch gehört, was der Arzt gesagt hat", erwiderte Mama. „Nur für eine Nacht. Zur Beobachtung."

„Aber mir geht's gut", behauptete Hanna. „Wirklich. Ich muss mich um Komet kümmern!"

Doch Mama ließ sich nicht erweichen. „Das ist mir zu riskant. Ich will mir hinterher keine Vorwürfe machen, wenn mit dir tatsächlich etwas nicht in Ordnung ist."

„Okay", sagte Hanna und presste ihre Lippen zusammen. „Aber dann fahr gleich heim. Es ist schon eine halbe Stunde über der Zeit. Komet verhungert."

„Sie können Ihre Tochter ruhig in meiner Obhut lassen", sagte eine Krankenschwester. „Ich bin Schwester Rita."

Sie machte einen netten Eindruck, und so entschied sich Mama, ihr Angebot anzunehmen.

„Ich muss mich nämlich dringend um unser Fohlen kümmern."

„Ein Fohlen?", fragte Schwester Rita nach. „Wie nett."

„Leider ist es unser Sorgenkind", erwiderte Mama. „Es braucht die Flasche. Hanna wird Ihnen sicher gleich mehr erzählen. Ich muss los." Sie gab Hanna einen Kuss und versprach, später noch einmal vorbeizuschauen.

„Dann bring ich dir dein Nachthemd und deine Waschsachen mit."

„Und du kriegst meinen Delfin zum Schlafen", versprach Robert. „Damit du nicht so allein bist."

„Hanna wird nicht allein sein", sagte Schwester Rita. „Sie hat eine Zimmernachbarin, Simone. Wer weiß, vielleicht werden die beiden Freundinnen."

Jetzt war Hanna gespannt.

„Hier kommt ein Neuzugang", verkündete Schwester Rita fröhlich, als sie Hanna mit dem Rollstuhl ins Krankenzimmer schob.

Simone, ein dünnes blondes Mädchen, saß im Bett und las. Sie blickte kurz auf. „Hallo."

„Hallo", antwortete Hanna. Als sie das Buch sah, fing sie an zu lachen.

„Ein Pferdebuch, na und?", fragte Simone und drehte das Buch in den Händen. „Was ist denn daran so komisch?"

„Das Buch hat meine Mutter geschrieben, Antje Breitenbach", sagte Hanna. „Ihr Name steht vorne drauf."

„Wirklich?" Simone zog erstaunt die Augenbrauen hoch. „Antje Breitenbach ist deine Mutter?"

Hanna nickte.

„Ist ja toll", sagte Simone begeistert. „Dann ist deine Mutter richtig berühmt?"

„So berühmt nun auch wieder nicht“, meinte Hanna. „Vielleicht ein bisschen.“

„Meinst du, ich kriege von ihr ein Autogramm?“, wollte Simone wissen.

„Bestimmt“, antwortete Hanna.

„Na, da habt ihr beiden ja schon Gesprächsstoff“, mischte sich Schwester Rita ein. „Pferde scheinen für euch eine wichtige Rolle zu spielen, stimmt's? Erzähl doch mal von eurem Fohlen, Hanna.“

Hanna berichtete, wie sie das Fohlen bekommen hatten und dass es mit der Flasche aufgezogen werden musste. Simone hörte gespannt zu.

„Habt ihr noch ein Pferd?“

„Ja, Sternschnuppe. Von der bin ich heute runtergefallen.“ Hanna deutete auf ihren Verband. „Sie war übrigens mal ein Zirkuspferd.“

„Wie das Pferd im Buch?“, fragte Simone.

„Genau“, sagte Hanna. „Mama hat Sternschnuppe als Vorbild genommen.“

„Zwei Pferde. Du hast's gut.“ Simone seufzte sehnsüchtig. „Ich kann nur von einem eigenen Pferd träumen.“

Hanna erfuhr, dass Simone früher Reitstunden genommen hatte.

„Aber seit meine Kniescheibe ein paar Mal rausgesprungen ist, durfte ich nicht mehr reiten", erzählte Simone. „Am Dienstag werde ich operiert. Wenn mein Knie geheilt ist, steig ich wieder auf ein Pferd! Das habe ich mir fest vorgenommen."

Die Zeit verging wie im Flug. Hanna und Simone verstanden sich bestens. Zwischen ihren Plaudereien kamen immer wieder Krankenschwestern ins Zimmer, um Hannas Blutdruck zu messen oder ihr Blut abzunehmen.

Dann gab es Abendessen.

„Wie?", wunderte sich Hanna. „Jetzt schon?"

Es war erst fünf Uhr nachmittags.

Simone lachte. „Ja, hier wird man um sechs Uhr morgens aus dem Bett geschmissen. Um sieben Uhr gibt's Frühstück, um halb zwölf Mittagessen und gleich danach Kuchen."

„Hast du Angst vor der Operation?", fragte Hanna und angelte sich eine Wurstscheibe vom Tablett.

„Ein bisschen schon", gab Simone zu. „Aber ich sag mir immer, dass ich danach wieder reiten kann."

Wenig später tauchten Papa und Robert auf.

„Wir bringen dir deine Sachen", sagte Papa, stellte eine Tasche auf den Boden und umarmte Hanna. „Ach, Hanna-Mäuschen! Kaum lässt man dich aus den Augen, fällst du schon vom Pferd!"

Robert drängte sich dazwischen und legte seinen Riesen-Delfin auf Hannas Bett. „Dolfi passt auf dich auf. Damit du schnell wieder gesund wirst.“

„Wie lieb von dir.“ Hanna war gerührt. Sie gab Robert einen Kuss auf die Wange. Er konnte eine solche Klette sein, aber heute ...

„Wie ist der Unfall eigentlich passiert?“, fragte Papa, und Hanna musste die ganze Geschichte noch einmal erzählen.

Robert wollte wissen, ob Hannas Knöchel sehr weh tat.

„Geht schon.“ Hanna lächelte.

„Mama konnte leider nicht mitkommen“, sagte Papa. „Sie lässt dich schön grüßen und holt dich morgen Früh ab.“

Hanna wurde hellhörig. „Ist was mit Komet?“

Papa druckste herum. „Er hat ein bisschen Durchfall und wollte die Flasche nicht nehmen. Mama hat vorsichtshalber mit dem Tierarzt telefoniert, damit er kommt und nach dem Fohlen sieht.“

Hanna hatte einen Kloß im Hals. Kaum war Opa fort, ging wirklich alles schief!

„Jetzt mach dir keine Sorgen“, meinte Papa und streichelte über ihr Haar. „Das wird schon alles wieder.“

Er und Robert blieben noch eine Weile, bis eine Krankenschwester kam und verkündete, dass sie jetzt leider gehen müssten.

„Pass gut auf Komet auf", flüsterte Hanna Robert beim Abschied zu. „Versprichst du mir das?"

„Großes Ehrenwort", wisperte Robert zurück.

Hanna unterhielt sich noch eine Weile mit Simone, dann war es Schlafenszeit, und die Krankenschwester zog die Vorhänge vors Fenster.

Lange konnte Hanna kein Auge zutun. Sie musste immer wieder an Komet denken. Hoffentlich konnte ihm der Tierarzt helfen!

Schließlich fiel sie doch in den Schlaf. Im Traum galoppierten zwei Pferde fröhlich über eine Wiese – Sternschnuppe und Komet.

Über dem Berg

Am nächsten Morgen wurde Hanna noch einmal vom Stationsarzt untersucht. Er war sehr zufrieden. Sie hatte keine Gehirnerschütterung und konnte entlassen werden.

Vom Schwesternzimmer aus rief Hanna ihre Mutter an. Ihre erste Frage galt Komet.

„Es geht ihm gut", antwortete Mama. „Der Tierarzt war gestern Abend da und hat ihm ein Medikament gegeben. Komet hat die Nacht bestens überstanden. Im Gegensatz zu mir. Ich bin hundemüde. Jetzt kriegt Komet seine Flasche, dann hol ich dich ab, und anschließend leg ich mich erst mal ein Stündchen aufs Ohr." Hanna war beruhigt.

Sie humpelte mit Krücken ins Krankenzimmer zurück, packte ihre Sachen zusammen und verabschiedete sich von Simone. Die beiden Mädchen tauschten Adressen und Telefonnummern aus.

„Du musst mich unbedingt besuchen und Sternschnuppe und Komet kennen lernen", sagte Hanna.

Simone lächelte. „Mach ich gern. Wie ich dich beneide! Am liebsten würde ich gleich mitkommen. Geht bloß nicht." Sie verzog das Gesicht. „Diese blöde Operation."

Hanna versprach, Simone im Krankenhaus anzurufen. „Vielleicht komm ich auch noch mal vorbei und besuch dich, wenn Mama Zeit hat, mich zu fahren. Aber ganz bestimmt schreibe ich dir einen Brief und lege ein paar Fotos von Komet und Sternschnuppe dazu!“

Da kam Mama ins Zimmer. Sie sah sehr blass und müde aus.

„Hallo, mein Schätzchen, alles klar?“

„Sind Sie Frau Breitenbach?“, meldete sich Simone gleich zu Wort.

„Ja, warum?“

„Können Sie mir ein Autogramm geben? Hier in das Buch?“ Sie nahm das Pferdebuch vom Nachttisch und hielt es hoch.

„Aber klar, gerne!“

Mama wurde ein bisschen rot.

Das passierte ihr immer, wenn sie auf ihre Bücher angesprochen wurde.

Hanna wusste genau, wie sehr sich ihre Mutter freute, wenn sie um ein Autogramm gebeten wurde.

Mama schlug das Buch auf und schrieb auf die erste Seite: Für Simone! Mit ganz herzlichen Grüßen von Antje Breitenbach.

„Vielen, vielen Dank!“ Simone freute sich riesig. „Das Buch kriegt einen Ehrenplatz, und ich werde allen zeigen, dass ich ein echtes Autogramm von Ihnen habe."

„So, komm jetzt", sagte Mama zu Hanna. „Geht es mit den Krücken?"

„Schwester Rita hat mich schon gelobt, wie gut ich damit laufen kann", erwiderte Hanna und humpelte bis zur Zimmertür. Mama packte Hannas Tasche und den großen Delfin und sah sich noch einmal suchend im Zimmer um, ob sie auch nichts vergessen hatten.

„Ja, dann – alles Gute, Simone."

„Tschüss." Hanna winkte mit einer Krücke.

Simone winkte lächelnd zurück. „Tschüss, Hanna. Und grüß Sternschnuppe von mir!"

An der Pforte mussten sie noch einige Formalitäten erledigen. Die Krücken durfte Hanna mitnehmen. Das Laufen war ziemlich anstrengend. Sie war froh, als sie die Strecke bis zum Parkplatz geschafft hatte.

Auf der Rückfahrt musste Mama fortwährend gähnen. Hanna warf ihr einen besorgten Blick zu. Arme Mama! Es war alles ziemlich viel für sie.

„Tut mir echt Leid“, sagte Hanna.

„Was denn?“, fragte Mama verwundert.

„Dass ich vom Pferd gefallen bin.“

„Aber Liebes – ich hab nie angenommen, dass du es absichtlich getan hast. Und ich bin wirklich froh, dass dir nichts Schlimmeres passiert ist.“ Mama gähnte schon wieder.

„Du gehst sofort ins Bett“, sagte Hanna so ernsthaft, dass Mama lachen musste.

Zu Hause angekommen, verschwand Mama tatsächlich gleich im Schlafzimmer. Hanna hatte ihr versichert, dass sie im Moment weder Hunger noch Durst hatte und auch sonst nichts brauchte.

„Weck mich in einer Stunde“, sagte Mama. „Dann ist Komet wieder an der Reihe. Hach.“ Sie stöhnte. „Zum Glück kann Robert mit einer anderen Mutter heimfahren, sonst hätte ich auch noch den Stress, dass ich ihn von der Schule abholen muss.“

Hanna setzte sich an den Tisch, schob einen Stuhl zurecht und legte ihr Bein hoch. Auf dem Tisch stand noch Mamas Laptop, daneben lagen einige Notizzettel. Neugierig blätterte Hanna. Die Zettel waren eng mit Ideen voll gekritzelt.

„Na also“, sagte Hanna zufrieden. „Jetzt kriegt sie ja doch ihren Schreibrausch.“

Sie nahm sich vor, ihre Mutter vorläufig nicht zu wecken. Mama brauchte dringend ihren Schlaf. Hanna hatte sich fest vorgenommen, die nächste Mahlzeit für Komet selbst zuzubereiten. Sie hatte ja oft genug dabei zugesehen. Und sie würde es auch schaffen, dem Fohlen die Flasche zu geben! Und dann würde sie Spagetti und Tomatensoße kochen, und wenn Mama aufwachte, wäre der Mittagstisch fix und fertig gedeckt. Hanna freute sich schon auf ihre großen Augen.

Doch erst einmal musste die ganze Arbeit geschafft werden. Gar nicht so einfach mit einem verstauchten Fuß. Hüpfend bewegte sich Hanna in der Küche hin und her. Der riesige Wassertopf war ein Problem. Hanna stellte ihn erst auf den Herd und goss dann mit einem kleineren Gefäß Wasser hinein. Auf diese Weise musste sie ungefähr zehnmal den Weg von der Spüle zum Herd machen.

Aber es klappte!

„Man muss sich nur zu helfen wissen“, murmelte Hanna zufrieden und versenkte die leeren Flaschen im Wasser, damit sie ausgekocht wurden.

Pünktlich wurde die nächste Mahlzeit für Komet fertig. Hanna füllte sie in eine saubere Flasche, setzte den Sauger auf und überlegte. Was jetzt? Wie sollte sie mit der Flasche zum Stall kommen, wenn sie zum Laufen zwei Krücken benötigte?

Aber Hanna fiel auch diesmal etwas ein. Sie verstaute die Flasche in einer Stofftasche, hängte sich die lange Trageschlaufe um den Hals und humpelte so mit ihren Krücken in Richtung Stall.

Es klappte prima. Nur auf der Weide sanken die Krücken tief im weichen Boden ein. Sternschnuppe begrüßte Hanna mit einem munteren Prusten. Sie wollte schmusen, aber Hanna hatte jetzt keine Zeit. Außerdem war sie mit den Krücken alles andere als standfest.

Es fehlte gerade noch, dass Sternschnuppe sie vor lauter Eifer am Ende umschubste!

„Sei nett, Sternschnuppe", sagte Hanna liebevoll. „Ich kümmere mich später um dich. Jetzt ist erst mal der Kleine dran."

Sie humpelte in den Stall. Dort blieb sie verwundert stehen, denn Komet stakste ihr auf wackeligen Beinen ein Stück entgegen.

„Hallo, du bist heute aber munter!", stellte Hanna fest.

Komet stemmte die Hufe in den Boden und drehte den Kopf. Dann kam ein leiser, hoher Ton aus seiner Kehle.

Hanna war entzückt. Das hatte sich ja wie ein Begrüßungswiehern angehört!

„Ist ja toll!", rief sie begeistert und beeilte sich,

die Flasche aus ihrer Tasche zu nehmen. „Hier kommt dein Futter!"

Komet trank in großen, gierigen Schlucken. Hanna konnte sich gar nicht vorstellen, dass Mama am Abend zuvor solche Probleme mit ihm gehabt hatte. Das Medikament, das der Tierarzt ihm gegeben hatte, schien gut geholfen zu haben.

„Oder hast du mich gestern vermisst?", flüsterte Hanna und zauste dem Kleinen das Fell. „Hast du gedacht, ich kümmere mich nicht mehr um dich?"

Es gab ein röhrendes Geräusch. Die Flasche war leer. Komet hatte alles bis auf den letzten Tropfen ausgetrunken und versuchte jetzt sogar, an Hannas Finger zu saugen. Er hatte noch Hunger.

„Das nächste Mal bring ich dir mehr", versprach Hanna. „Du hast ja einen mächtigen Appetit!"

Mit Komets Verdauungsproblemen war es besser geworden. Der After sah noch ein bisschen verklebt aus, aber nicht schlimm. Hanna versuchte, das verunreinigte Stroh zu entfernen, aber mit dem verstauchten Knöchel war das eine schwierige Angelegenheit. Es gelang ihr nur, das Gröbste zu beseitigen. Den Rest würde sie dann zusammen mit Robert erledigen.

Hanna sah nach, ob bei Sternschnuppe alles in Ordnung war. Sie schüttete der Stute ein bisschen

Hafer in die Futterkrippe, obwohl Opa Ben gesagt hatte, dass sie mit Hafer vorsichtig sein sollte, weil Sternschnuppe sonst zu dick würde. Aber Hanna fand, dass Sternschnuppe ein Trostpflaster verdiente – jetzt, wo sich fast alles um Komet drehte ...

Als sie zum Haus zurückhumpelte, kam Robert gerade aus der Schule.

„Schschsch!“ Hanna legte warnend den Zeigefinger an die Lippen. „Sei leise. Mama schläft.“

Robert wollte wissen, wie Hanna die Nacht im Krankenhaus verbracht hatte, ob sie keine Gehirnerschütterung hatte und wann sie wieder richtig laufen konnte.

„Ein paar Tage muss ich den Fuß schonen“, antwortete Hanna. „Komm, du kannst mir beim Mittagessen helfen. Wir machen Spagetti und überraschen damit Mama."

Robert war Feuer und Flamme. Hanna trug ihm auf, Zwiebeln klein zu schneiden, während sie das Wasser für die Spagetti aufsetzte. Nachdem sie eine Dose Tomaten aus dem Vorratsschrank geholt und geöffnet hatte, hörte sie, wie Robert schniefte.

„Was ist los?"

Er stand mit verweinten Augen neben dem Tisch. „Beißen ... beißen bei dir die Zwiebeln auch so?"

„Klar." Hanna nahm ihm das Messer ab und schnipselte selber weiter.

„Achtung!", schrie Robert.

Die Spagetti kochten fast über. Im letzten Moment goss Hanna etwas kaltes Wasser in den Topf, und der Schaum ging zurück. Hanna stellte den Temperaturregler auf eine niedrigere Stufe.

„Toll", sagte Robert bewundernd. „Was für ein super Trick!"

„Hab ich von Mama abgeschaut." Hanna machte sich jetzt an die Soße.

Im selben Moment klingelte das Telefon.

„Ich geh ran", sagte Hanna und drückte Robert den Kochlöffel in die Hand. „Rühr weiter, und pass auf, dass nichts anbrennt."

Sie humpelte zum Telefon und nahm den Hörer ab.

„Bei Hausner, Hanna Breitenbach am Apparat.“ Mama hatte ihr immer eingeschärft, ihren ganzen Namen zu nennen, wenn sie ans Telefon ging.

„Guten Tag, hier Hans Mielke“, ertönte eine fremde Männerstimme im Hörer. „Ist Antje Breitenbach da? Sie hat versucht, mich heute Morgen zu erreichen, aber da war ich gerade in einer Besprechung ...“

Mielke. Hanna schaltete blitzschnell. Das war Mamas Lektor, der sie besuchen und die neue Geschichte abholen wollte.

„Guten Tag Herr Mielke“, sagte Hanna und kreuzte die Finger hinter dem Rücken. „Mama arbeitet gerade. Sie können Sie im Moment leider nicht sprechen.“

„Du bist wohl ihre Sekretärin?“ Herr Mielke lachte. „Wann hat denn deine Mama Zeit? Ich wollte ihr nämlich sagen, dass ich schon am Freitag komme.“

„Das geht nicht“, entfuhr es Hanna.

„Nein? Schade ... Und warum nicht? Deine Mutter sagte doch letzte Woche –“

„Wir wohnen im Moment im Haus von Opa Ben“, erklärte Hanna rasch. „Und ... äh ... hier in der Nähe gibt's einen Verdacht auf Maul- und Klauenseuche. Wir sind in einem Sperrbezirk ... Keiner kann raus, keiner kann rein, verstehen Sie?“

„Oh.“

„Nächste Woche ist wahrscheinlich alles wieder okay“, schwindelte Hanna. „Vielleicht können Sie Ihren Besuch um eine Woche verschieben?“

„Hm, eine Woche ...“ Herr Mielke schien nachzudenken. „Das könnte gerade noch gehen. Eine Woche Verspätung ... na ja ... Die Illustratorin, die die Bilder zu der Geschichte zeichnen soll, wartet nämlich schon.“

„Mama schreibt keine Hundegeschichte“, sagte Hanna.

Jetzt herrschte Schweigen am anderen Ende der Leitung.

„Meine Mama schreibt über ein Fohlen“, redete Hanna weiter.

„So?“ Der Lektor räusperte sich. „Aber das war anders abgesprochen. Vielleicht kannst du mir jetzt doch einmal deine Mutter geben.“

„Die Allergie-Tante fanden wir alle blöd“, sagte Hanna. „Und zu Hunden ist Mama nichts eingefallen. Außerdem kann doch eine Schriftstellerin selber entscheiden, worüber sie schreiben will. Oder, nicht?“

„Na ja ... hm ... also ... im Prinzip ...“

„Es wird eine tolle Geschichte“, trumpfte Hanna auf.

„Ich weiß nicht, ob es gut ist, wenn deine Mutter schon wieder ein Pferdebuch schreibt.“

„Simone meint, Mama soll noch jede Menge Pferdebücher schreiben“, sagte Hanna. „Simone ist nämlich ein großer Fan.“

„Ach ja, wirklich?“

„Ganz wirklich. Auch wenn Sie's nicht glauben. Sind Sie eigentlich schon mal geritten?“

„Leider nein.“

„Dann wissen Sie ja gar nicht, wie schön es ist, wenn man auf einem Pferd sitzt. Wenn Sie nächste Woche kommen, dann werden Sie Sternschnuppe kennen lernen und Komet. Wetten, dass Sie dann nur noch Pferdebücher von Mama haben wollen?“

Herr Mielke lachte. „Wenn du das sagst ... Dann richte deiner Mutter einstweilen schöne Grüße aus. Ich melde mich Anfang nächster Woche wieder.“

„Tschüss“, sagte Hanna und legte auf.

Als sie in die Küche zurückhumpelte, hatte Robert schon den Topf mit der Soße vom Herd genommen. Außerdem war der Tisch gedeckt.

„Super“, sagte Hanna. „Statt Messer brauchen wir allerdings Löffel. Aber lass nur, ich mach das schon. Du kannst Mama wecken.“

Robert verschwand.

Wenig später tauchte Mama in der Küche auf. Sie sah noch ganz verschlafen aus und warf einen verwirrten Blick auf die Uhr.

„Was, es ist schon Mittag? Warum hast du mich nicht geweckt, Hanna?“

„Weil es nicht nötig war“, erklärte Hanna. „Wir sind ganz gut ohne dich klargekommen.“

„Du hast gekocht?“ Mama staunte. „Und das Fohlen?“

„Versorgt. Nur den Stall müssen wir noch richtig ausmisten.“ Hanna machte eine ausladende Handbewegung und geriet dabei fast aus dem Gleichgewicht. „Bitte sehr, Madame, nehmen Sie Platz!“

„Das könnte ich mir jeden Tag gefallen lassen“, seufzte Mama und setzte sich auf einen Stuhl. „Mal so richtig verwöhnt zu werden ...“

„Wir tun, was wir können“, meinte Hanna stolz. Im nächsten Moment fauchte sie ihren Bruder an: „Robert, du Ferkel, wasch dir gefälligst erst die Hände, bevor du dich hinsetzt.“

„Hab ich doch schon“, maulte Robert.

„Hach, Kinder.“ Mama sah zu, wie Hanna Spagetti und Soße auf die Teller verteilte. „Das riecht ja lecker. Wenn mir die Sache mit meiner Geschichte nicht so schwer auf dem Magen liegen würde, dann hätte ich bestimmt einen Riesenappetit. Ich muss nachher unbedingt telefonieren. Wahrscheinlich kommt mein Lektor schon Ende der Woche ..."

„Mach dir keine Sorgen", sagte Hanna fröhlich. „Den hab ich abbestellt."

Mama blieb vor Erstaunen der Mund offen stehen. „Du hast was?"

„Abbestellt", wiederholte Hanna. Sie fügte hinzu: „Er wird seinen Besuch um eine Woche verschieben. Dann bist du doch locker mit deiner Geschichte fertig, oder?"

„Was hast du gemacht?“, fragte Mama und legte den Löffel, den sie schon in der Hand hatte, wieder auf den Tisch zurück. „Das will ich jetzt genau wissen.“

„Herr Mielke hat vorhin angerufen“, erzählte Hanna. „Ich hab gesagt, dass wir hier einen Verdacht auf Maul- und Klauenseuche haben und er nicht kommen kann. Das war zwar ein bisschen geschwindelt, aber Notlügen sind ab und zu erlaubt, das hast du selber schon gesagt.“

Mama wurde rot. „Daran kann ich mich nicht erinnern.“

„Und außerdem hab ich ihm erzählt, dass du eine Fohlengeschichte schreibst und kein Hundebuch“, fuhr Hanna fort.

„Hanna!“ Mama wusste nicht, ob sie sich freuen oder ob sie schimpfen sollte.

„Du hattest doch Angst, dass er deswegen meckert“, sagte Hanna.

„Er hat bestimmt auch gemeckert“, meinte Mama überzeugt.

Hanna dachte nach. „Na ja, nur ein klitzekleines bisschen. Kaum der Rede wert.“

Mama sah erleichtert aus. „Und dann?“

„Dann hat er gesagt, dass er dich Anfang nächster Woche anrufen will.“

In diesem Moment klopfte es an der Küchentür, und ein großer, dunkelhaariger Mann kam herein. Hanna kannte ihn von früheren Besuchen. Es war der Tierarzt.

„Entschuldigung, wenn ich einfach so reinplatze", sagte er. „Aber die Tür stand offen. Ich bin gerade vorbeigekommen und hab mir gedacht, ich könnte mir das Fohlen noch einmal ansehen. Ich war schon im Stall. Gratuliere. Der Kleine sieht heute sehr gut aus. Ich glaube, er ist jetzt überm Berg."

Robert sprang erschrocken vom Tisch auf. „Komet ist weg? Ausgerissen? Dann müssen wir gleich ..."

Hanna drückte ihren Bruder wieder auf den Stuhl. „Quatsch. Überm Berg sein heißt, dass er es geschafft hat."

Roberts Gesicht erhellte sich. „Hurra!", brüllte er dann so laut los, dass alle zusammenzuckten. „Dann wird er ja bald groß und stark. Und dann können wir endlich um die Wette reiten – ich auf Komet und Hanna auf Sternschnuppe!"

Abends rief Opa Ben an.

„Das Essen hier ist sehr gut", erzählte er. „Ich kriege Bäder und Massagen. Und sie kneten mich durch wie Brotteig. Ich hab richtigen Muskelkater."

Mama war beruhigt. „Es gefällt dir also?"

„Ja. Ich muss zugeben, es ist hier nicht so übel, wie ich gedacht habe. Und bei euch? Alles in Ordnung?"

Bevor Mama ihm etwas von Hannas Reitunfall erzählen konnte, nahm Hanna ihr schnell den Telefonhörer weg.

„Hallo, Opa! Wie geht's dir?"

„Prima, Mädchen, und euch?"

„Alles bestens", sagte Hanna und zwinkerte Mama zu. „Alle gesund und munter."

Mama drohte ihr lächelnd mit dem Zeigefinger. Hanna hob die Hand und zeigte ihr die gekreuzten Finger.

„Was macht das Fohlen?", erkundigte sich Opa Ben.

„Wächst und gedeiht", antwortete Hanna. „Aber das Beste muss ich dir gleich erzählen. Mama ist überm Berg."

Mama machte ein verdutztes Gesicht.

„Mit ihrer Geschichte", fuhr Hanna fort. „Sie kann nicht mehr aufhören zu tippen. Ich glaube, ich hätte dem Lektor die Lüge mit der Maul- und Klauenseuche gar nicht erzählen müssen."

„Was hast du da grad gesagt?", hakte Opa beunruhigt nach. „Maul- und Klauenseuche?"

„Ach, vergiss es", meinte Hanna. „Wir freuen uns jedenfalls schon drauf, wenn du wiederkommst."

Jetzt nahm Robert ihr den Hörer aus der Hand.

„Sternschnuppe und Komet freuen sich auch", rief er. „Und zwar ganz doll."

Marliese Arold wurde 1958 in Erlenbach am Main geboren. Nach dem Abitur studierte sie an der Fachhochschule für Bibliothekswesen in Stuttgart, mit dem besonderen Schwerpunkt Kinderbibliothek. Schreiben machte ihr schon immer viel Spaß und 1983 erschienen ihre ersten Kinder- und Jugendbücher. Heute arbeitet sie als freie Autorin für verschiedene Verlage.

Dorothea Ackroyd wurde 1960 in Herford geboren. Sie studierte Visuelle Kommunikation und Grafik-Design. Danach arbeitete sie freiberuflich als Illustratorin, seit der Geburt ihrer Tochter immer mehr für Kinder- und Jugendbuchverlage.

Lesekönig

Das Geheimnis des alten Leuchtturms **5166-5**

Geisterjäger fluchen nicht! **5167-3**

Geisterjäger kennen keine Furcht! **4799-4**

Sternschnuppe sucht ein Zuhause **3998-3**

Sternschnuppe reißt aus **4972-5**

Lästerschwester **4794-3**

Loewe